# 손끝으로 달을 만지다

# 손끝으로 달을 만지다

송종찬 시집

작가

■ 自序

몸 속의 채워지지 않는 욕망과
몸 밖의 채울 수 없는 거대한 공간
그 막막하고 어찌할 수 없는 빈틈을 위하여
밖에서 밥을 벌어와 안을 채우고
안에서 그리움을 키워 밖을 채웠던 것 같다
질그릇보나 부서지기 쉬운 몸의 경계에
쓰인 노역의 흔적들이여

2007년 가을
송종찬

**차례**

自序

**1부**

겨울강 15
폭탄주 16
장미공장 18
자본주의적 20
우수 22
물 속의 사원 24
자작나무 거울 25
진눈깨비 26
입동 부근 28
지평선을 보았다 29
극락강 30
새벽에 새소리를 듣다 31
하구에서 33
서부로 가는 기차 35
설원 속을 가다 37
발자국 39
섬 41

## 2부

고드름　45
다시 남해에서　46
지붕 위의 십자가　48
석탑　50
아차산 가는 길　51
식도에서　53
고한읍　54
비가 내리고 있었다　56
젖은 손　57
마흔 즈음　59
불나비 날아간 자리　60
문자와 숫자　62
무화과나무 아래서　63
눈 내리는 밤　64
똥꽃　65
淨水寺　67
정암사　68

## 3부

비밀번호 71
건강검진 72
거미의 방 74
나도 구원받을 수 있을까 75
길의 세상 76
문명 77
바람 불던 날 78
이상기온 79
작은 가지에게 81
버그헌터 82
보이지 않는 언덕 83
꺾인 나무가 꽃을 매달 때 85
Seed money 87
반야 사우나 88
삼월에 내리는 눈 90
어느 폭설에 91
가을의 끝 92

## 4부

不二門　95
바람에 풀잎은 쓰러지고　97
밤송이를 줍다　98
앙가라 강에 기적이 울릴 때　99
처음 본 하늘　101
봄비 내려 꽃은 피는데　103
부치지 못한 편지　105
라면박스　107
손끝으로 달을 만지다　109
산문 밖　110
사이　111
득음　113
첫눈　115
잘못 든 길　116
마음의 서쪽　117

■ 해설 · 유성호
생의 저지대를 응시하는 낮은 목소리　118

# 1부

겨울강
폭탄주
장미공장
자본주의떡
우수
물 속의 사원
자작나무 거울
진눈깨비
입동부근
지평선을 보았다
극락강
새벽에 새소리를 듣다
하구에서
서부로 가는 기차
설원 속을 가다
발자국
섬

# 겨울강

꽁꽁 얼어붙은 북한강이
온몸을 받아낸다

얼었다 녹았다
반복하더니
江心까지 얼어붙었다

돌을 던져도
소리치지 않는 저
단단한 내공

상처의 두께 더하다 보면
나도 세상의 무게를
견뎌낼 수 있을 것인가

맺힘과 풀림을 반복하는
강 끝에서 들려오는
뿌리들의 먼 추임새 소리

# 폭탄주

한 생이 또 한 생을
받아들이는 것은
섞이지 못하는 맥주와
양주처럼 처연하여

오늘 밤
건너가고 싶네
가슴속에 불을 질러

한 생이 또 한 생에
잠긴다는 것은
상처 속에 다시
상처를 내는 것 같아

오늘 밤
잊어버리고 싶네
회오리바람을 일으키며

위벽이 타는 폐허의 잿더미
너와 나의 경계를
무너뜨릴 수만 있다면

## 장미공장

사람에게
한 송이 장미는
풍경이지만
벌에게는
밥벌이를 위해 구슬땀을 흘려야 하는
공장이라네
해가 뜨면
벌들은 작업복을 갈아입고 출근하고
해가 지면
꿀통을 지고 귀가한다네
뙤약볕 아래서
온몸에 꽃가루를 묻히며
겨울을 준비하는 노동
날카로운 톱니가 달린
장미의 생산라인을 생각할 때
한 방울의 꿀은 신성하다네
비가 내리거나
꽃을 꺾어

공장을 폐쇄할 때
월급을 기다리는
일벌들의 가족들이여
벌들의 일터는
향기가 머무는 부지에서부터
시작되고
한 송이 장미는
기름 냄새 가득한
공장

## 자본주의적
―강


그냥 흐르는 줄 알았지
이 골 저 골 물줄기 어우러져
함께 노래하는 줄 알았지
들을 만나면 부르튼 손을 잡았다가
비탈진 논에 이르러
목마름의 물꼬를 터주면서
구비구비 길을 가는 줄 알았지
언덕을 만나면 쉬었다 가고
풀섶마다 물고기를 키우며
징검다리 나룻배가 없어도
건널 수 있는 줄 알았지
몇 개의 댐과 수문을 지나면
지류를 삼켜버린 거대한 강
장마 지나간 강둑에 앉아
일렁이는 물살을 바라보며
얼마나 두려워 떨었던지
화려한 빌딩의 조명이 꿈틀거리는

저 깊고 너른 강을
그냥 건널 수 있는 줄 알았지

# 우수

빙폭에 몸을 걸고
동안거에 들었던 물방울들이
산문을 나서시네
깨어나리라
쑥부쟁이 다래 냉이 버드나무 실개천도
발목 적시는 법어에 젖어
갑사 오르는 길
부도상회 툇마루에 걸터앉아
가락국수 한 그릇 말아먹고 있을 때
닫힌 방 문풍지를 타고 들려오는
오래 앓은 기침소리
말사 근처에 숨어 든
저 병자도 눈시울 뜨거워졌으리
삼불봉 눈 녹아 흐르고
가슴 한쪽 무너져 사람 사는 곳으로
길이 열리는 숨 가쁜 화음에
오랜 굶주림에 눈 깊어진 산새
등걸에 걸려있는 돌부처도

낮은 곳으로 내려오는 우수
나는 무거워진 몸을 끌고
산길을 오르네

# 물 속의 사원

칠 년 만에 수문이 열리고
수몰지구의 물이 반쯤 빠지자
강 한가운데 버드나무가 드러났다
한바탕 속절없이 눈물을 방류한 뒤
강을 바라보면 거기
그리운 사람 비치는 것처럼
아무리 깊어도 절망은
나무를 넘지 못한다는 듯
수면 위로 앙상한 가지를 드러냈다
마을의 길이 사라진 뒤에도
꼿꼿이 서 있는 저 나무는
지나가던 물고기들의 집
기도를 올리던 사원이었으리
아무리 슬픔이 길어도
강의 길이를 넘지 못한다는 듯
해오라기 한 마리
선 채로 입적한 듯 나무 위에서
강 끝을 바라보고 있다

# 자작나무 거울

기차를 타고 가면서 보았네
잎 떨어진 자작나무 가지 사이로
하늘이 유리창처럼 박혀 있었네
한 그루 자작나무는 투명한 거울
거울은 늘어나는 주름살 대신
무거운 등짐을 지고 가는
발자국을 점점이 보여주었네
안개 흐드러지던 최루의 날
탈영을 꿈꾸던 설화 분분한 밤들
거울 속에서 반짝거렸네
겨울이 오기 전에 거울이 된 자작나무
줄기를 타고 숲으로 들어가면
잎처럼 무성했던 날들이
눈발처럼 떨어져 내리고
어느 이름 없는 종착역을
느리게 빠져나가는 뒷모습이
거울 속에서 반짝거렸네

# 진눈깨비

아무리 천한 목숨이라도
그 임종은
서해를 물들이는 저녁놀처럼 장엄하리
먼 바다를 건너와
낡은 목선의 고물 끝에
부서져버리는 진눈깨비를 보라
하늘의 몸을 받았다가
지상에 닿는 순간
스스로 이름을 지워버린
짧은 여백이 있어
평생 음지에서 살다간 사람들의
눈동자도 쓸쓸하지 않고
이마에 주름살 느는 것도
그리 억울할 일만은 아니니
발자국 하나 남기지 않고
가장 낮은 곳을 향해
흘러가는 간결한 보법을 보라
높은 산맥을 맨발로 넘어와

소나무의 바늘잎 위에서
얼어붙은 성엣장 위에서
제 살점을 덜어내는
장엄한 착지

# 입동 부근

입동이 낼 모래인데
먼 길을 나서다니
밤잎 떠가는 냇가에 앉아
협곡을 빠져 나가는
물살을 바라본다
첫눈 오기 전에
바다에 닿을 수 있을까
따스한 품에 안길 수 있을까
어찌어찌 살고 있는지
저지대의 안부를 물으며
낮은 목소리로
물넘이를 지나간다
어디서 얼어붙어
영어의 몸이 될지
이제야 먼 길 나서다니
절로 막막한 늦가을
그림자 속에서

# 지평선을 보았다

 가을 햇살이 조명처럼 비친다 짙은 분장을 했던 들녘은 맨살을 드러내고 함지박을 인 할머니가 마지막 대사를 앞둔 연기자처럼 느리게 걸어간다 그 논길 어디서 끝나 발길은 이어지는지 가을걷이 끝난 만경들에는 무대만 있을 뿐 스크린이 없다 억새를 은막의 스타로 키우던 구릉도 시선을 사로잡던 황금 물결도 없다

 연극이 끝난 텅 빈 객석에서 그루터기를 바라본다는 일 지평선 너머를 생각하며 살아온 날들을 편집해 본다는 일 들판을 수놓던 식물들의 연기는 끝나고 검은 커튼이 드리워진다 사위가 어두워질수록 간절해지는 따뜻한 아랫목과 한 그릇의 저녁밥 꼬르륵거리는 배를 움켜쥐고 돌아서야만 하는 직립의 발길 앞에 깔리는 볏짚 연기들이여

# 극락강

 밤 열한 시 오십오 분 서울행 막차를 타고 오 분 정도 갔을 때 극락강역이 나왔습니다 광주역전에서 소주잔을 기울인 뒤 올라 탄 열차 창 밖의 진눈깨비를 바라보며 잠깐 눈을 감은 사이 찬 술기운이 실핏줄을 타고 올라가 밤하늘까지 흘러가는 듯했습니다

 기차는 기적을 울리지 않았고 불 꺼진 유리창들은 얼어붙은 저수지의 수면처럼 고요했습니다 다음 역은 극락강역이라는 안내방송이 흘러 나왔지만 두꺼운 정적에 얼굴을 파묻은 채 숨 죽인 사람들, 어쩌면 우리가 찾는 극락도 극락강역처럼 지척의 창 밖인데 안에 갇혀 앞으로 달려가고 있는 것은 아닌지

 어제와 내일 사이에서 시계바늘이 가볍게 떨리던 자정 무렵 내리는 사람도 타는 사람도 없었습니다 진눈깨비 속에서 반딧불처럼 희미하게 빛나던 극락강역 초로의 역무원 혼자 깃발을 흔들어 푸른 연꽃을 그려내고 밤기차는 아쉬움과 그리움의 거리를 측량하듯 또박또박 극락강을 넘어가고 있었습니다

# 새벽에 새소리를 듣다

이름 모를 새들이
낮게 다가와 새벽잠을 깨운다
밤새 뱃속을 텅 비운
새들의 목소리가 파문을 일으킨다
그 소리 너무 밝고 맑아
한동안 눈을 뜨지 못하고 있을 때
아파트 난간을 타고 내려오는
갓난아기의 울음소리
부엌에서 밥 끓어 넘치는 소리
하루는 공복으로 시작되어
배고픈 것들만이 울 수 있고
잠자는 것들을 흔들어 깨우나니
나는 무엇을 비워
세상을 공명하게 할 것인지
밤새 먼 길을 달려온 자명종도
머리맡에서 울기 시작한다
이슬로 목을 축여
더욱 맑아진 새들의 소리가

지친 어깨를 흔들어 깨울 때
나는 처자식을 울리지 않기 위해
잠자리를 박차고 일터로 나간다

## 하구에서

하루 두 차례
강과 바다의 목숨을 건 전투가
없었다면
저 강물 얼어붙고 말았으리

겨울을 딛고 일어선 얼굴 본다
밀물과 썰물에 쓸리고 깎이어
씨앗처럼 단단해진 모래알들

함부로
돌 던질 일 아니다
바라볼 일 아니다
저 물살

하구를 돌아 짠 갯물
다시 상류로 밀려들고
계곡을 따라
마알간 수액은 흘러내리고

하루 두 차례
빛과 어둠의 처절한 전투가
없었다면

# 서부로 가는 기차

듣고 싶어도 들리지 않을 때
귀는 가시가 되었을 것이다
붉은 저녁놀 속으로 기적을 울리며
기차가 지나갈 때마다
가슴에 가시 하나 돋아나고

사막의 길을 가다가
울컥 사람이 그리워질 때면
선인장의 마른 가슴에
안기어 보아라

물길을 찾아 어지럽게
잔가지를 뻗었던 마음
먼 길을 달려가 돌아오지 못하는
욕망도 부끄럽다

새벽 화차바퀴 소리에
잠을 깨 바라보는

내 마음의 서부지대여

보고 싶어도 보이지 않을 때
눈은 가시가 되었을 것이다
그림자 없는 사막 한가운데
설산을 보며 맨발로 피워 올린 꽃

그대가 서있는 서부는 멀고
별이 떠오를 때마다
내 몸에도 가시가 돋아난다

## 설원 속을 가다

하늘길 막히고
고속버스 끊어진 밤
낯선 여관에서 묵은 잠이나
실컷 자볼까 하다 밤기차를 탄다
경주에서 동대구까지 설원 속을
폭폭하게 기어가는 한 마리 개미누에
등불 밝힌 완행열차에는
얼어붙은 얼굴들이 잠사처럼 뒤엉켜 있다
하루의 노동을 끝낸 잡부들은
스팀 위에 발을 올려놓은 채 졸고
할머니 등에 업힌 어린 아기는
포대기 밖으로 발을 내놓은 채 잠을 잔다
시렁처럼 이어진 레일 위에서
익화를 꿈꾸는 누에들의 선잠
차창 밖으로 흰 나비떼 날아오른다
들을 건너 산맥을 넘어
엄마 품을 찾아가고 있을까
강 건너 주유소의 불빛도

눈 속에서 잠든 듯 고요한 밤
마음은 가다 서다를 반복하고
가는 허리를 굽혔다 펴면서
개미누에가 기어간다

# 발자국

발자국이 없다
차가운 아스팔트 위에
몸의 기록이 남아 있지 않아
걸어온 날들을 돌아볼 수 없다

눈발 휘날리던 날
질척이는 눈길에 반성처럼 찍히던
이백육십 밀리 발자국

지상에 발자국이 없다
흔적없이 지워져
가장 낮고 천한 몸의 무늬를
오래 바라볼 수 없다

먹구름 지나간 뒤
하늘에 찍혀있는 거대한 별들은
신들의 발자국

캄캄한 세상 속에서
길을 잃고 헤맬 때
하늘에 난 발자국을 따라
귀가를 서두른다

# 섬

섬과 섬을 가로질러
다리가 걸리면서
바위섬이 사라졌다

폭풍주의보 속
빗방울로 징검다리를 놓던
간절한 눈길도

마을과 마을 사이에
길이 뚫리면서
마을이 사라지고

진눈깨비 속
산 너머 불빛을 손꼽아보던
막막함도 폐가처럼 무너졌다

# 2부

고드름
다시 남해에서
지붕 위의 십자가
석탑
아차산 가는 길
식도에서
고한읍
비가 내리고 있었다
젖은 손
마흔 즈음
불나비 날아간 자리
문자와 숫자
무화과나무 아래서
눈 내리는 밤
똥꽃
淨水寺
정암사

# 고드름

막차 끊어진 이 밤
폐광을 넘어 날리는 눈발 속에
간절한 눈동자가 있는 것 같다

슬레이트 지붕 아래서
두 손 불어가며 먼 불빛 바라보다
선 채로 얼어붙은 고드름처럼

떠나가 오지 않는 사람을
기다리는 것은
하늘 끝에나 매달리는 일

눈물로 뼈를 세워가는 밤에
십 리 밖 비구니만 살고 있는
만연사의 불빛 흔들리고

저수지를 넘어오는 바람 속에
방황하는 발길을 기다리는
순결한 마음이 있는 것 같다

# 다시 남해에서


지울 것도 버릴 것도 없는데
잊어버리라는 듯
남해 파도 위에 눈발 쏟아진다

첫사랑은 아직도 사랑의 종점인데
그대 뜨거운 손을 잡던
평산리 종점은 끝내 가지 못하네

찬바람 매서운 시오리 해안길
낚싯줄을 끊고 난바다를 향해 도망친
아가미에 박힌 바늘 같은 사랑

나는 그 바늘을 물고
그대의 심해를 떠나지 못했는지 몰라
파도 일렁일 때마다 미늘이
아프게 가슴을 찔러오는데

첫사랑은

아직도 사랑의 종점
그대에게 가는 막차는 끊어지고
눈꽃 바다 위에 파도소리
파도소리만

# 지붕 위의 십자가

부모님 나와 피를 나누시고
내가 자식을 낳아 부자의 연을 맺은 것은
닿지 않을 무량의 저편으로
살을 이어 가는 것이니
결혼을 하여 피 한 방울 나누지 않은
아내와 몸을 섞는다는 것은
발목이 꺾이는 진흙의 길을
맨몸으로 나아가는 것과 같으니
머지않아 나이 사십
부모 자식 간의 세로지르기와
아내와 나 사이 가로지르기의
중간에서 때로는 잠 못 이룬 채
아내와 어머니의 한숨의
무게를 재보기도 하고
밀물처럼 자라나는 아이들과
썰물이 되어가는 아버지 사이에서
부서지는 파도가 되기도 하는 것이니
한 집안의 가장이 된다는 것

세상에는 섞을 수도
나눌 수도 없는 것들이 많아
나는 넉넉한 품을 가진
한 그루 낙락장송이 그리운 것이다

# 석탑

갑사 오르는 길
비스듬히 무너져 내린 돌탑이
아내의 몸만 같네
밤마다 모난 돌을 올리면서
그대와 나 사이 몇 억 광년
인연을 스쳐 지나왔을까
위태롭다는 걸 알면서도
너무 높이 탑을 쌓아
발끝에 피가 돌지 않던 밤
아내는 무너져 내렸네
몸을 세우면 세상이 거꾸로 보이고
하늘과 땅이 흔들린다고 했지
새벽 귀가하는 발자국에도
위태롭게 흔들거렸을
아내를 받치고 있던 굄돌 하나
기울어질 줄 알면서
작은 기단 위에 너무 무거운
탑신을 놓았던 것일까

# 아차산 가는 길


백 채의 집을 보아야
제대로 집을 고를 수 있다고 한다
벚꽃 사무치는 봄날 산동네를 오른다
월세 전세를 지나 누구도
범하지 못할 주소지를 갖는 꿈
복덕방 할아버지는 초인종을 누르고
나는 계단을 따라 올라선다
금이 간 적벽돌의 수를 세고
난방도 확인하면서 그리고 돌아서며
반지하의 닫힌 문을 열 때
두려움에 떨고 있는 눈동자들
산동네를 내려와 시장 주변을 돈다
발품을 팔아야 싸게 살 수 있다며
할아버지 연신 문을 두드리지만
열리지 않은 방문도 있다
빛이 들지 않는 단칸방 문틈으로 새나오는
어린아이의 거친 숨소리
나는 벌써 백 채의 집을 보았지만

집은 보이지 않고
그때마다 발목을 붙들고 늘어지는
뻘밭 같은 삶의 내력들

# 식도에서

기상특보에 뱃길이 끊어졌다
민박집 주인은 며칠 푹 쉬라고 하지만
뭍의 일들이 하나 둘 떠올랐다
아내의 마음을 결리게 했던 일
밥줄이 걸린 월요일 회의까지
기껏해야 사십 리 뱃길을 달려와
빚을 짊어진 느낌인데
슬레이트 지붕이 심하게 흔들렸다
대책없이 쏟아지는 빗방울이
분교 운동장을 섬으로 만들었고
시누대 따라 유행가 가락이 휘어졌다
출어를 못하는 날이면
빚에 쫓겨온 배꾼들은 노래방에서
취하도록 술을 마셨다
높아진 파도를 따라
멸치배들의 어깨 부딪는 소리가
아프게 꽂히는 태풍주의보 속
갚아야 할 부채의 장부들이
파란 번개처럼 눈앞을 가로질렀다

# 고한읍

사랑에 돈을 위해
모든 것을 걸었던 적이 있었다
나는 세상의 적수가 못 되었던 것일까
나를 받아 주지 않던 세상은
함백산 중턱에 세워진 카지노처럼
오늘밤에도 유혹한다
이제 내게 남아 있는
견딜 수 있을 만큼의 부채와 자산을
무엇에 걸어야 하나
탄전지대에 폭설이 쏟아진다
마치 올인이라도 하듯
하늘은 수많은 구름의 판돈을
어디에 다 거는 것일까
마지막 카드를 기다리듯
산과 들은 눈의 정적 속에 빠져들고
나는 폭설에 갇혀
말문을 닫는다
살아갈수록 귀는 얇아져

머물던 자리가 궁금해지는 밤
이제 남아 있는 가슴속 불꽃으로
무엇을 태워야 하는가
텅 빈 막장 위 카지노의 불빛은
석탄처럼 활활 타오르고
눈썹 짙은 탄전지대를 따라
시멘트를 실은 화차는 지나간다

# 비가 내리고 있었다

새벽비 가늘어지자
사과나무 그늘 아래서
참매미가 울기 시작한다
하루 걸러 장맛비는 퍼붓고
울어보지도 못한 채
서둘러 제 울음을 잘라먹는 매미들의
가늘어진 떨켜
캄캄한 석회동굴 속
종유석을 타고 흐르는 물방울처럼
이 세상에 들리지 않는 울음은
또 얼마나 많을까
깨어보면 빗방울만 가슴에 공명하는 처서
철 지난 것들이
비좁은 내 가슴속으로
젖은 이삿짐을 싼다

# 젖은 손

돌아가신 수동할머니는
방학이 끝날 때마다
차부까지 따라 나와 손을 흔들어 주셨다
도시로 떠나는 마지막 날 밤이면
한사코 머리를 쓰다듬으시다
새벽이 오기 무섭게 굵은 먹갈치
한 토막을 솔가리 불에 구워주셨다
버스가 고개를 넘어갈 때까지 흔들리던
할머니의 갈라 터진 손
난 아직 떠도는 데만 익숙할 뿐
떠나는 사람을 향해
손을 흔들어 주지 못했는데
서해의 외딴 섬 식도에서
흔들리는 손을 다시 보았다
남편을 보내는 낙도의 간호사도
파도소리에 잠을 뒤척였을 것이다
석양이 내리는 방파제를 따라
고개 숙인 여인이 젖먹이를 안고 돌아서고

막배가 어둠 속에 잠길 때까지
파장금항의 갈대들도
하얀 손을 흔들고 있었다

# 마흔 즈음

썰물로 몸을 뒤바꾸고 있었다
수많은 쪽빛 날들을
날을 세우며 건너왔는데
겨누었던 칼날을 접고 있었다
눈가의 수심은 점점 낮아져
실핏줄이 드러나 보였다
한 뼘만 손을 내밀면
방파제 너머 불빛 잡힐 듯한데
포말로 부서지고 있었다
바람 거세게 불던 날
경계를 스쳐 지나갔던 살내음을
더는 그리워하지 말자는 듯
돌아서는 자의 가슴은
수평선처럼 잔잔하였고
뒤돌아보지 않았다
포구에서 다시 태어난
파도는 밀물이 되어
난바다를 향해 나아가고 있었다

# 불나비 날아간 자리

눈 내리는 벌판 끝
불가마에 참숯이 이글거리고 있다
이 산 저 산 지천으로 깔린 싸리나무처럼
흔들리면서 살아갈 수 있다면야
혹한 속을 걸어온 그대와
나 밑동 잘린 통나무처럼 기댄 채
젖은 몸을 말리고 있다
가슴에 한 번 더 불을 질러
얼어붙은 들판 끝으로 날아가보자고
진액이 쏟아져 내린다 등줄기에서
열매가 맺혔던 자궁에 빛이 든다
산불이 지나간 어깨 위에
흐르는 얼얼한 강물
저 강을 젖지 않고 건널 수 있다면야
무덤처럼 둥근 황토방
어둠 속에서 온몸이 불타고 있다
뼈 속 깊이 달구어져
꽃잎으로 피어나보자고

습한 자리에 뿌리 내리는
숯이라도 되어야 하지 않겠냐며
겨울바람 매서운 벌판 끝에는
불꽃이 이글거리고
불나비 날아가는 길을 따라가면
한 그루 미루나무가
흔들리고 있다

# 문자와 숫자

잠 안 오는 밤 숫자를 세다가 그대가 살던 골목길로 접어듭니다 서울에 사는 동안 그대 집의 우편번호는 잊어버렸지만 쓸쓸한 이별을 나누고 돌아설 때 블록 담장 끝에 백묵으로 쓰여있던 그대 이름은 지금도 박제되어 남아있고

지하 일층 이층 삼층 사층 그래도 잠 안 오는 밤 거슬러 오르던 북한강 가로 달려갑니다 외풍 세던 자취방에 온기를 전해주던 연탄 한 장 값이 얼마였는지 모르지만 불꽃을 사르며 지워지던 삼표마크는 아직도 가슴에 인화되어 타오르는 듯하고

온밤이 지나도록 셀 수 없는 무량수 그 계단을 올라가다가 추석 전날 그대가 학부모로부터 받았던 돼지비계에 연애편지처럼 박혀있던 신문지의 세로 글자를 떠올립니다 갓 잡은 돼지 두 근 값이 얼마였는지 그날이 며칠이었는지 기억할 수 없지만

# 무화과나무 아래서


비뇨기과 수술대 위에서
푸른 레이저에
두 줄기 물관이 잘려나간 뒤
한 장의 티슈처럼
피었다 지는 몸의 꽃
목숨을 걸지 않으면
그대의 땅으로
건너갈 수 없는
아름다운 시절이 있었다

# 눈 내리는 밤

 창문 밖으로 눈발이 휘날리는 밤이면 말없이 쌓였다 흔적없이 사라지는 그 많은 부호들처럼 가슴에 꼭꼭 숨겨둔 비밀을 잘게 부수어 아무도 알아보지 못하게 땅에 내려놓고 싶어진다

 가령 사상이 불확실하다는 이유로 서울에서 강원도까지 쫓겨가 영하 이십 도의 혹한 속에서 등짐을 져 나르다 이것은 아니다며 인사계 앞에서 무릎을 꿇던 일이라든가

 봉급 받아 아이들 학원비 걱정하며 그 달 그 달 살아가면서도 병든 부모를 모시는 술집 처자를 위해 아내 몰래 순정을 베풀던 일이라든가

 이렇듯 추운 날이면 남몰래 꼭꼭 숨겨둔 말들이 불씨처럼 피어나기도 하고 살다 보면 누구나 비밀 한두 개쯤 가슴에 묻고 살아 우리 몸을 태우고 나면 그 비밀 눈처럼 저리 내리는 것일까

# 똥꽃

 블라디보스토크 저가항공에 실려 피난열차 같은 시베리아횡단 열차를 타고 두근거리는 가슴으로 맞이한 바이칼 호수, 들꽃을 사랑하시는 선생님이 들꽃처럼 멀리 떨어져 엉겅퀴 양귀비 종다리 개망초 시베리아 벌판에 이다지도 이쁜 꽃들이 빨주노초로 피어날 수 있냐며 디지털카메라를 들이대신다

 바이칼 호수가 한눈에 펼쳐지는 슬루지얀까 언덕, 데까브리스트 반란군을 따라온 예까쩨리나처럼 눈 내리는 숲 속 한 남자를 사랑한 나타샤처럼 들꽃 같은 여인들이 좌판 위에 내놓은 들딸기를 잡수신 선생님이 화장실에서 일을 보시다 그만 큰일을 내고 마신다

 천지간이 저렇게나 깊어 보일 때가 있을까 캄캄한 푸세식 화장실에 한 점 포말도 없이 사라져버린 480종의 들꽃들 안타까운 표정으로 디지털시대의 아픔이 아니겠냐며 선생님을 위로하지만 똥 속에 묻혀있을 형형색색 들꽃들이 까르르 까르르 피어나 입가에 웃음꽃이 번진다

내년 여름에는 디지털 들꽃을 보러 다시 횡단열차를 탈까 영하 사십 도 어깨를 짓누르는 시베리아 눈발 속에 피어난 내 마음속 붉은 엉겅퀴

# 淨水寺

　산길을 에돌아 보일 듯 보이지 않는 정수사는 풀리지 않는 그대의 사십 대만큼이나 쓸쓸했습니다 속세를 잊지 못해 바다를 향해 꽃을 피우는 백련사 숲길을 오를 때도 바닷물이 들지 않는 독천의 갈대밭을 지날 때도 정수사는 가마터 불씨처럼 가슴 한쪽에 가물거리고 있었습니다

　세상의 모든 길들을 산 속으로 끌고 들어가 길을 지워 버린 정수사 생의 무거운 짐을 지고 가다 목숨을 끊는 사람들의 눈길이 그렇게 고요할까 들판도 집들도 보이지 않는 막막한 음지에서 홀로 비를 맞는 정수사에 얼굴을 묻으면 얼음의 길을 내는 물방울들이 너는 아직 멀었다 세파에 더 시달려야 한다고 소리치는 듯했습니다

　바닷물이 가슴까지 밀려들어오는 마량 포구를 지날 때마다 미련을 버리지 못한 그대의 발걸음은 자꾸만 세상을 기웃거리고 그대를 받아주지 않는 세상은 깊어만 가 강진만 푸른 파도 위에 촛불처럼 타오르는 저녁놀 그 바람 속에서 그대의 정수사를 보았습니다

# 정암사

장맛비가 내리고 있었지요
태백산맥을 넘어온 가랑비는
곧 바로 내려서지 않고
처마 끝에 한참을 매달려 있다가
빗방울에 비치던 적요

산 속 깊숙이 숨어든 산사는
몸도 마음도 다 비웠다지만
함백산의 검은 탄더미를 바라보며
하늘에서 내려온 가랑비를
내려놓기 싫었던 모양입니다

기왓장을 놓친 빗방울은
산문을 급하게 빠져나와
탄전지대로 흘러가고
그 가는 발걸음이 안쓰러웠던지
산중턱의 수마노탑도 탑신 끝에
빗방울을 오래 매달고 서서

# 3부

비밀번호
건강검진
거미의 방
나도 구원받을 수 있을까
길의 세상
문명
바람 불던 날
이상기온
작은 가지에게
버그헌터
보이지 않는 언덕
꺾인 나무가 꽃을 매달 때
Seed money
반야 사우나
삼월에 내리는 눈
어느 폭설에
가을의 끝

# 비밀번호

잔액이 얼마나 남았는지 모르지만
은행 앞을 지나칠 때마다
마음속에 떠오르는 별이 있지
현금인출기 앞에서 버튼을 누르면
액정화면 하단에 깜박이던 네 자리 별
저 별을 길잡이 삼으려면
탄생의 순간을 기억해야 한다
애인에게 말하지 못하고
다이어리에도 기록하지 못하는 별
저 별자리를 위해 나는
숙면에 들지 못했는지 모른다
산소호흡기를 떼내기 전
사람들은 녹음기를 들이대고
별자리의 의미를 풀기 위해
서랍과 장롱을 뒤질 것이다
항생제에도 지워지지 않은 마음의 문신
주민증이 말소된 뒤에도
통장에서는 숫자의 영혼이 한동안 살아
반딧불처럼 반짝일 것이고

# 건강검진

검진 차량이 회사로 들어왔다
그 동안 어디서 숨어 살았는지
몇 달 만에 처음 보이는 동료가 있다
벌거벗은 닭처럼 떨고 있는
대열 속으로 문진표가 배포되자
긴 한숨이 새어 나왔다
고용인들은 기도하듯 눈을 감았다
혹시라는 단어와 가족의 얼굴이
고장난 형광등처럼 반짝거렸다
죽음은 두렵지 않지만
대열의 이탈은 죽음보다 잔인한 일
데이터 가득한 한 장의 검진표는
아우슈비츠의 의사보다 더 정확히
이탈자를 구분해 낼 것이다
술을 많이 마시는 영업 과장은
두려워 휴가를 떠났고
나이 든 부장은 출장을 갔지만
검진을 피해갈 수 없다

일 년의 행적이 엑스레이에 찍히고
굵은 바늘에 뽑혀나간 검붉은 피가
숨겨진 이력을 보여줄 것이다
햇볕 들지 않은 강당에서
짐승처럼 입을 벌리고 서 있는
십자가가 표시된 검진차량

# 거미의 방

거미는 몸을 풀어 선을 만들고
얽힌 선 위를 오고 가지만
그물에 발이 걸리지 않는데
나는 내가 만든 인연에
자주 발이 걸려 넘어졌다
거미는 가로 세로 선을 엮어
사각형의 면을 만들지만
그 함정에 빠지지 않는데
나는 내가 만든 벽 안에
머무는 시간이 많았다
지난밤 울부짖던 태풍에
거미줄은 가늘게 흔들렸을 뿐
찢어지지 않았는데
나는 기울어진 전봇대처럼
불안한 잠의 수면 위를 오르내렸고

# 나도 구원받을 수 있을까

누군가의 등에 기대어
사다리의 높이만큼
하늘로 올라가는 사람과

언제 떨어질 줄 모르는
허공 중에서
날마다 하늘을 우러르며
외줄을 타는 사람과

금속성 파이프를 감고 올라
그 높이만큼
손을 뻗는 담쟁이와

비바람에 흔들리면서도
관절을 꺾지 않고
담장보다 높이 고개를 드는
대나무와

# 길의 세상


길의 면적이
숲의 면적보다 커지고
마을보다 살쪄버린 길의 세상

동서남북 격자의 길들은
사람들을 가두고
가축처럼 길들일 것이다

아스팔트의 검은 손들은
산과 들을 정복하고
공장을 번식해 나갈 것이다

사람들이 길 위에서
흔들리며 위태롭게 중심을 잡는
길들의 세상

# 문명

이사 다니기 귀찮았을까
바람 불 때마다 흔들리기 싫었을까
작은 꿈은 아파트를 내려와
햇살 드는 낮은 언덕에
통나무집을 지어 놓고
굴뚝 연기를 피워 올리는 것인데
까치들은 전신주 위에
기둥을 세우고 서까래를 올렸다
대풍에 부서지지 않고
폭설에 무너져 내리지 않을
콘크리트 위의 집 한 채
이삿짐 나르며 투덜대던
어린 새끼들의 원성이 싫었을까
난방비가 들지 않는
따스한 보금자리가 필요했을까
이만이천 고압 볼트 아래서
아침을 맞고 있는
까치 한 가족

# 바람 불던 날

강 건너 고수부지에서 연이 난다
방패 가오리 나비 제비
서로 다른 얼굴들이 흔들린다
바람 불어 연이 뜰 수 있다면
가슴속 뜨거운 높새바람은
어디서 불어오는 것일까
잔잔한 날이면 바람을 찾아
낯선 술집을 헤매었고
폭풍이 몰아치는 날이면 골방에
틀어박혀 밤이 지나가길 기다렸지
세월처럼 얼레를 풀면
연은 하늘 높이 멀어져 가고
목숨의 줄을 끊으면
낯선 땅으로 추락하고 말겠지
너무 무거워도 가벼워도
갈 수 없는 생
강 건너 고수부지에서
바람이 분다

# 이상기온

십이월이 다 지나도록
戰士들은 돌아오지 않았다
들판을 무너뜨리고 전진하던
하얀 투구를 입은 전사
그대가 귀향하는 날
목도리를 선물하겠다던 약속은
지켜지지 않았다
기다림에 지친 자들은
지상에 내리지 못하고 떠돌던
창백한 얼굴을 보았다고 하였고
전사들은 오지 않을 것이라며
손톱 끝에 남아 있던
봉숭아물을 지워버리기도 하였다
숭늉이 끓어 넘치는 골목길 사이로
발걸음이 빨라지는 연말
낮은 곳을 향하여 몸을 던지던
전사들은 돌아오지 않았다
수첩에는 지워야 할 이름들이

빽빽이 남아 있고
암흑의 도시를 밝혀주던
눈사람도 볼 수 없었다

# 작은 가지에게

뿌리에는
꽃이 피지 않는다
나무둥치에도
중심을 벗어나
더 이상 길을 갈 수 없는
막다른 벼랑
바람 불면 흔들리고
서리 내리면
무거워
허리 끊어져 내릴 듯한
가지 끝
꽃은
이슬을 등에 지고
피어난다

## 버그헌터


 장엄한 찬송가 극락왕생을 비는 목탁소리가 지하실에 울려 퍼지자 이제 떠날 때가 되었다며 하늘로 날아가던 작은 영혼들이 멀리 가지 못하고 삼성의료원 영안실 밖에 걸린 버그헌터 발광하는 불빛 속으로 날아드는 것을 보았습니다

 버그헌터 파란 불빛 아래 쌓여 있던 영혼의 시신들

 상주의 무릎에는 피멍이 들었지만 내실에서는 현금을 계산하는 엑셀파일이 쉼없이 돌아갔고 망자 앞에서 개미처럼 음식물을 취한 조문객들은 계단을 올라와 담배 연기를 내뿜으며 밤하늘에서 터지는 불꽃 화음을 감상하고 있었습니다

# 보이지 않는 언덕

우리 몸에도
가로등 들지 않는 달동네처럼
나지막한 언덕이 있지
쓴 약에 몸은 말을 듣지 않고
온몸에 신열이 오를 때
주사바늘 아프게 꽂히던 압점
아이들은 아빠의 어깨를 주무르고
밤마다 성스럽게 세족식을 거행하지만
손길 한번 가 닿지 않는
후미진 나대지가 있지
우리가 언 땅에 주저앉아
돛대의 담배를 꼬나물고
망연자실 하늘을 올려다볼 때
전생에 죄를 지은 것처럼
책상 앞에서 고행을 지속할 때
곰팡이꽃 피어나도록
뒤돌아보지 않던 멍든 언덕
우리 몸에도

아무렇게나 취해 쓰러지던
어두운 뒷골목이 있지

## 꺾인 나무가 꽃을 매달 때

겨울 한고비를 넘긴 후
단단한 수목들도 긴장이 풀렸는지
기침처럼 꽃잎이 날린다

심하게 젖몸살을 앓고 있는
산벚나무에게도 꽃은
견디기 힘든 무거운 입인가

광동탕 한 병에 몸은 절로 열리고
뼈마디 속으로 땀에 젖어 들어가는 산길
폭설에 찢어진 나무를 본다

물오른 가지들이 꽃잎을
하나 둘 하늘로 날려보낼 때
제 그림자를 바라보며
서 있는 부러진 가지

저수지 위에 앉아서

임종을 지키지 못한 자식의 마음으로
지는 꽃잎을 바라본다

# Seed money

유가가 77달러를 돌파하고
나스닥이 폭락했다는 뉴스가 흘러나온다
아침 밥상에 둘러앉아 후루룩 누룽지를 먹을 때
칠순을 넘긴 아버지께서 무겁게 입을 여신다
할아버지가 돌아가신 이유를 아느냐고
모래를 씹다 뱉은 금붕어처럼 눈을 크게 뜬다
쌀독이 비어도 노름방을 드나들던 할아버지였다며
주식만은 절대 안 된다고 일침을 놓으신다
장마전선 북상 중이라는 캐스터의 목소리가
베란다 유리창에 빗방울처럼 튀긴다
불순한 일기에 잠들지 못했을 농부들처럼
태평양 건너 치솟는 유가 소식에
나도 잠을 설쳤던 것 같다
월급을 털어 허공에 심어놓은 씨앗들에서
새싹이 돋아날 수 있을까
먹을 것 없어 씨감자를 훔쳐먹던
아버지 어린 시절이 독백처럼 계속되어도
씨를 뿌리지 않으면 거둘 수 없는
명백한 자본의 논리를 설명할 방법이 없다

# 반야 사우나

글을 쓰는 열 명의 도반들이
반야 사우나에 4 3 3 세 줄로 앉아
용맹정진에 들고 있다
자작나무의 미끈한 종아리를 보고 온 탓일까
자욱한 수증기 속에서
중년의 시인이 선문답을 던지신다
스님, 색을 어떻게 참아내야 합니까
술병에서 떨어져 내리는
참이슬처럼 칼칼한 입을 적시는 말
色이 지극해야 空이 됩니다
서로 내공을 시험하듯
가슴까지 숨은 턱턱 막혀 오는데
지극하라 지극 지극하라
눈을 감아도 색즉공의 참뜻을 모르겠더라
목욕용 수건 아래 가려진 極
그 끝을 따라가다 보면
밤의 호수가 나오는 것 같고
무심결에 반가의 자세가 흔들거릴 때

은빛 자작나무 회초리가
스치듯 온몸을 때리고 지나간다

# 삼월에 내리는 눈

삼월 하순 눈발 날린다

무슨 할말이 남아
떠나지 못하고
이승의 발목을 적시는지

그대 살던 집 뒤란에는
눈에 밟히던 아들딸들
저리도 바르게 자라
하얀 꽃망울을 터뜨렸는데

그대 가시라
얼음장 같은 근심 풀고
봄 햇살을 밟으며

가는 눈발 분분한 봄밤
목련이 꽃등을 밝힌다

# 어느 폭설에

영동 산간에
사흘 밤낮
눈이 내리자
산양 한 가족이
푹푹 빠지는 계곡을 따라
마을로 내려왔지요
옥수숫단과
황태덕장을 무너뜨린
삼십 년 만의 폭설
눈발이 그치자
짐승들의 발자국 따라
사냥꾼들이
산으로 올라갔지요
겨울 햇살 아래
겁먹은 양처럼
숨을 죽이던 미시령
한계령

# 가을의 끝

난생 처음 줄기를 버리고 가지를 탔다
손을 뻗으면 언제라도
잎을 따고 가지를 부러뜨릴 수 있는
지상 가까운 자리에 앉아
휘어질 듯 무거운 날들을 보냈다
그렇게 봄 여름이 가고
가진 밑천이 나뭇잎처럼 떨어져 갈 때
사람들은 바지랑대를 들고 몰려와
열매가 있던 가지를 부러뜨렸다
꽃으로 빛나던 줄기 끝에
하얗게 드러난 골절된 상처
한두 번의 태풍이 더 지나가고
퀭한 눈가에 서릿발이 맺힌 뒤
내 머물던 낮은 가지 끝에
눈꽃이 피고
두 눈에는 마알간 수액이 올라왔다

# 4부

不二門
바람에 풀잎은 쓰러지고
밤송이를 줍다
앙가라 강에 기적이 울릴 때
처음 본 하늘
봄비 내려 꽃은 피는데
부치지 못한 편지
라면박스
손끝으로 달을 만지다
산문 밖
사이
득음
첫눈
잘못 든 길
마음의 서쪽

# 不二門

간밤 눈비 뒤섞여 내리더니
통도사 앞마당에
매화꽃이 피었습니다

지난가을에 와서
잎만 보았을 때는
한 핏줄처럼 보였는데

한 그루는 홍매화를
한 그루는 백매화를

서로 다른 가지들이
눈보라 속에서
마주보며 피워낸 꽃

누군가의 눈동자를
오래 바라보며
꽃으로 피고 싶은 날

매화나무가 만들어낸

不二門 사이로

겨울이 지나가고 있었습니다

# 바람에 풀잎은 쓰러지고

가을비 내리는 날이면
문득 사라진 것들이 그리워져
몸과 마음에도 전류가 통하는지

몇 사람의 침묵을 싣고
새벽 안개 속을 쏜살같이 빠져나가던
가을아침의 영구차 한 대

바람기를 용서할 수 없다며
제초제를 마신 어린 신부의 둥근 몸에서
수만 개의 풀들이 돋아나

식도를 태우고 폐를 지우고
혈관 깊숙이 타 들어가던
원망마저 씻어낸 마알간 얼굴로

바람 부는 날이면 풀들이 쓰러지고
억새가 울고 목숨 타는 것들이
말을 걸어오기라도 하는 것인지

# 밤송이를 줍다

꽃이 지고 나면
생은 온통 가시밭길인가
삯바느질로 보릿고개를 넘던
어머니의 손끝에 박히던 바늘처럼
밤송이에도 굵은 바늘이 돋았다
만삭의 밤나무도 참깨를 이고
사립문을 나서시던 어머니처럼
물길을 찾아 이 골 저 골
발이 닳도록 헤맸을 것이다
여름 가고 태풍이 지나갈 때마다
고열의 이마를 짚으며
백척간두를 오르내렸을 밤나무들
가평 푸른동산에 와
떨어져 뒹구는 밤송이를 본다
두 발로 짓이겨도
풋밤을 잉태한 모성은
아파하지 않는다

# 앙가라 강에 기적이 울릴 때


가라 가라 손짓하여도
뒤돌아서지 않는 자작나무처럼

가라 가라 눈짓하여도
맨발로 뒤따라오는 앙가라 강물처럼

革命이 별것이라더냐
손 흔드는 그대 얼굴 차마 바라보지 못하고
목숨이 타 들어가는 것

구름 속을 나는 새의 부리에 노을을 찍어
붉은 잉크로 쓴다
反亂이여

백야의 숲 너머
어머니의 강 끝으로 밥 짓는 연기 몰려가고
불 꺼진 창가에 깃드는
들꽃들의 망명

가라 가라 손짓하여도
끝끝내 발자국을 지우며 따라오는
시베리아의 눈발처럼

가라 가라 눈짓하여도
먼 기적소리로 들려오는
살얼음 어는 그대 심장의 고동처럼

# 처음 본 하늘

복분자주에 취하여 바닥에 누웠습니다
비껴 지나간 장마가
수놓은 푹신한 흙침대 위에
팔베개를 하고

선운산 도솔암 너머
집 한 채 보이지 않는 저 하늘이
돌아가야 할 집이라니

모기들은 사납게 옷 속을 파고들었고
낮게 내려온 구름이
술 취한 어린 짐승의 배를 덮어주면서

가장 낮은 자리
한 줌의 흙이 되어 개가 되어
우러러본 하늘

맨땅에 죽은 듯 누웠습니다

계곡의 물소리를 베고
생에 처음, 정면으로 하늘을 보았습니다

# 봄비 내려 꽃은 피는데

돌아오시겠다던 예언을
하나님이
지키신 것일까
봄비 내리신다
앞산 마루를 넘어갔던 별똥별도
마을로 내려오는지

성수에 젖어
불빛에 젖어
불면에 젖어

봄비는
너도 꽃을 피워보라며
가늘고 따순 손을 바지에 넣어
아랫도리를 만지작거리는데
계절을 무단횡단하던 나의 이력에는
손발 갈라 터지고
대못이 박히던

겨울이 없다

강물도 희미한 등불도
비에 젖어
부활하는
봄날

# 부치지 못한 편지

경북대병원 영안실 앞 벤치에 앉아
매미들이 만드는 울음의
터널을 통과하는 시신들을 보았다
두세 시간 어떨 때는 삼십 분 만에도
검게 선탠한 앰뷸런스에서
바퀴 달린 침대가 내려와
우체통 같은 지하실로 들어갔다
사람의 일생이 한 장의 편지와 같다면
해독할 수 없는 시신 위에는
무슨 사연이 쓰여있고
어디로 배달되는 것일까
시신을 담았던 빈 침대가
영안실을 다시 빠져 나오자
전광판에는 발신자를 알리듯
상주의 이름이 빨갛게 새겨졌다
이따금 터지는 오열이
다른 세상으로 떠나는
하얀 편지봉투를 적시었고

매미들의 울음소리가
수백 년을 살아온
느티나무를 타고 올라가고 있었다

## 라면박스

또 한 사람이 부름을 받았습니다
24시 편의점에서
튼튼한 라면박스를 구해
유품을 정리합니다
이십여 년의 세월이 촘촘히 박혀있는 다이어리
빨간 마이신이 들어 있는 약봉지
형형색색의 포스트잇까지
책상 서랍 바닥에 달라붙어 있는
네 가족의 환한 사진이
밥줄처럼 떨어지지 않습니다
오늘 빌딩숲을 떠난
한 영혼을 위해
라면박스에 물품을 담고 부적처럼
청 테이프를 붙입니다
세상의 도서관이 다 없어져도
술집은 사라져서는 안 된다며
포장마차를 떠돌던 그의 발길이
북한산이나 혹 위태로운 한강 주변을

서성이지나 않을지
크리넥스 티슈에 물을 적셔
책상과 의자를 염하고
퀵서비스를 불러
영혼이 떠난 짐들을 발송합니다

# 손끝으로 달을 만지다


 아내의 둥근 가슴을 만지다 보면 낮은 천장에도 어둠을 밝히는 달이 떠올랐다 초승달 보름달 사이로 자전을 하고 파도가 밀물져 들 때 작은 돛을 띄워 달에게로 건너가곤 하였다

 구름에 가려져 있다가 밤이면 파란 실핏줄을 드러내는 달 그 달에서 지구라는 별을 바라보면 버찌가 익어가는 엄마 품을 빠져 나온 불빛들이 강을 따라 소근소근 흘러가는 모습이 보였다

 아내의 젖가슴 사이로 마그마 소리 들리기도 하였다 그런 밤에는 우거진 삼나무 숲에 피어 있을 붉은 열매들이 생각났고 짐승의 피처럼 뜨거워져 짙은 안개 속을 헤집고 다녔다

 아내의 둥근 가슴을 만지다 보면 손가락도 어느새 둥그러졌다 창문에 얼비치는 쪽달의 야윈 볼을 어루만지고 바닷가 할머니의 거친 무덤을 쓰다듬고 파도 끝에서는 월식이 시작되었다

# 산문 밖

사람 들끓는 단풍철에는
스님들도 잠을 이룰 수 없을 것 같네
가파른 인연을 피해
가슴에 난 길까지 칼끝으로 지우고 들어선 산사
숫처녀의 보드라운 계곡처럼
낙엽 썩는 냄새가 콧날을 스치네
나무들이 하나 둘 옷을 벗기 시작할 때
스님들은 유혹을 피해
동안거에 들어서시나 보네
저녁 공양을 끝낸 산사에 어스름이 깔리자
젊은 스님 한 분이 모자를 눌러쓰고
산문을 나서신다
어디로 가시는 것일까
산모퉁이를 돌아 나가면 길가에는
홍등을 매달고 선 감나무

# 사이

여름과 가을 사이에서
귀뚜라미 운다
멀어져 가는 두 계절을
잇기라도 하듯
아교보다 더 강력한 힘으로
깊어지는 골을 메운다
살아가는 일들이
희미한 바람에도 떨어져 내리는
잎새처럼 가벼워
점점 할말을 잃어가는 가을밤
마른 호박잎 뒤에서 들려오는
풀벌레 소리를 들으면
여기와 저기도 멀고
여기와 여기도 아득하여
붉은 대추처럼
절망하는 것들의
짙어가는 울음소리
여름날 폭풍우에 휩쓸려간

생의 부표를 어루만지듯
이슬은 발 밑에 내려 쌓이고
멀어져 가는 들과 하늘
나와 나 사이에서 또
벌레들이 운다

# 득음

1. 첫눈
살아 있는 것들은 소리를 내는데
첫날밤을 치르는 것인지
학교 운동장 솜털 이부자리 위에서
이를 악물고 나뒹구는 첫눈

2. 이슬비
초경의 불꽃이 피어 오르다
사그라진 모닥불 위로
소리없이 내려와 타악-탁
불꽃의 화음을 만드는 이슬비

3. 진달래
모진 고문이 있었을 것이다
먼 길 떠난 同志처럼
끝내 이름을 불지 않고
꽃샘바람에 떨어진 진달래

4. 새

울고 울며 가는데
왜 노래가 되는가
꽃이 진 자리에
이슬처럼 고인 새의 언어

# 첫눈

머뭇거리지 않겠다고
골목을 쿵쿵 울리며 걸어가
잠긴 방문을 두드리겠다
다짐하여 놓고

속삭이지 않겠노라고
겨울 별자리까지 소리쳐
얼어붙은 가슴을 울리겠다며

그냥 돌아서지 않겠다고
그대 불 꺼진 창가에 다가가
발 시린 새벽이 올 때까지 기다린다
맹세하여 놓고

## 잘못 든 길


강원랜드에서 주머니를 다 털리고 재를 넘는다

여관비가 떨어진 오늘밤은
우리나라에서 제일 높은 추전역에 들러
싸리나무 흔들리는 소리에 종아리를 맞아야겠다

오지 않는 기차를 기다리듯
이미 떠났다는 나를 기다려 보아야겠다

기차소리를 따라가도
역사의 불빛은 보이지 않고
잘못 접어든 첩첩 산중

태백광업소 막장 앞에서 바라본
눈물이 왈칵 쏟아져 내릴 듯한 별들이여

오늘은 저 폐사지에 들러
지은 죄들을 고백해야 할 것 같다

# 마음의 서쪽

무겁다
금방 녹아 없어질 잔설도
구름의 입자도

운문을 열고 들어서자
호거산
절벽 위에
걸려 있는 절 한 채

마음을
한 장 덜면 쓰러지고
한 장 더하면 무너져 내릴 것
같은

절정의 그리움

■ 해설

# 생의 저지대를 응시하는 낮은 목소리

― 송종찬의 시

유성호
(문학평론가 · 한양대 교수)

1.

송종찬의 시는 삶의 어둑한 고통과 그에 대한 가없는 그리움을 흑백의 스크린에 줄곧 담아왔다. 20세기 막바지에 상재된 첫 시집 『그리운 막차』(실천문학사, 1999)에는, "난 오랫동안 理念에 갇혀/떠나는 뱃고동 소리를 듣지 못했고/다시 抒情에 갇혀/울부짖는 그대 목소리를 보지 못했네"(「가지 않는 날들을 위해 6」)라는 인상적인 발화(發話)가 실려 있는데, 거기서 그는 '理念'이나 '抒情'의 한편으로 기우는 것을 경계하면서 양자를 결속하려는 새로운 서정의 원리를 욕망한 바 있다. 그 결과 그의 시는 생의 고단한 형식과 그럼에도 불구하고 불가피하게 솟아나는 생에 대한 아련한 그리움을 동시에 보여주었고, 세계와의 손쉬운 화해도 궁극적 불화도 불가능하다는 생각과 표현을 지속적으로 보여주었다.

이제 등단 15년을 맞고 있는 그는 스스로의 말처럼 "질그릇보다 부서지기 쉬운 몸의 경계에/쓰인 노역의 흔적들"(「自序」)로 두 번째 시집을 엮었다. 여전히 그의 시는 '파격'이니 '전복'이니 하는 해체적 전략과는 선연 무연한 고전적 감각과 표현으로 시종하고 있고, 그러한 시정신이 그로 하여금 균형과 절제의 시편을 쓰게 하고 있다. 그 음역(音域)은, 광장의 소란함에서 벗어난 길 위의 고요, 역동적 환희와 갈라서는 잔잔한 비애, 보편적 가치를 옹호하는 윤리적 태도, 생의 분기점에서의 망설임과 갈등으로 채워져 있다. 더욱 깊어진 낮은 목소리로 그는 고요하고 쓸쓸한 생의 저지대를 응시하고 있다. 이 글은 이러한 송종찬 시학의 면모가 더욱 깊이 담겨 있는 그의 신작 시집에 대한 관견(管見)의 기록이다.


2.

우리가 잘 알고 있듯이, 원래 서정시는 '시간'에 대한 경험과 그 경험에 대한 '기억'의 재구성이라는 양식적 특성을 지닌다. 그만큼 서정시는 '기억'의 다양한 양상을 다루게 되고, 우리는 서정시가 수행하는 '기억'의 원리를 따라 삶의 근원에 대한 상상적 경험을 가지게 된다. 송종찬 시편들은 이러한 서정시의 원리를 한껏 충족하면서, 우리에게 그리움과 따뜻함을 주조로 하는 중용과 위안의 언어를 던져준다. 특별히 이번 시집은 지난날의 구체적 경험에 대한 생생한 '기억'과 그 경험을 표현하는 선명한 '감각'을 통해 깊은 시적 자의식(自意識)을 표현하고 있다는 점에서, 서정시의 제일의적 속성을 남김없이 보여주고 있다.

>    한 생이 또 한 생을
>    받아들이는 것은

섞이지 못하는 맥주와
양주처럼 처연하여

오늘 밤
건너가고 싶네
가슴속에 불을 질러

한 생이 또 한 생에
잠긴다는 것은
상처 속에 다시
상처를 내는 것 같아

오늘 밤
잊어버리고 싶네
회오리바람을 일으키며

위벽이 타는 폐허의 잿더미
너와 나의 경계를
무너뜨릴 수만 있다면

─「폭탄주」 전문

'폭탄주(爆彈酒)'는 작은 양주잔에 양주를 따라 맥주를 따른 큰 컵에 빠뜨려 마시는 술이다. '폭탄주'라는 이름에 맞추어 맥주잔에 빠져 있는 양주잔을 '뇌관'이라고 부르기도 한다. 화자는 그 폭탄주의 구성 원리를 시 안쪽으로 불러들여, "한 생이 또 한 생을/받아들이는 것"의 처연함을 노래한다. 맥주와 양주가 섞이면서도 사실은 섞이지 않듯이, 우리들 생도 그렇게 처연한 경계를 지니고 있을 뿐이고, "한 생이 또 한 생에/잠긴다는 것" 역시 상처 속에 다시 상처를 내는 것일 뿐이다. 그래서 화자는 비록 그 경계를 불길처럼 건너가고 싶고 회오리처럼 잊어버리고 싶어하지만, "너와 나의 경계" 속에 아슬하게 생이 걸쳐져 있음을 "위벽이 타는 폐허의 잿더미" 속에서 아슬하게 발견하고 있는 것이다.

이러한 '경계'에 대한 민감한 반응은 「마흔 즈음」이라는 시편에서, 밀물과 썰물이 교차하는 과정을 '마흔'이라는 나이가 서 있는 지점으로 비유하는 과정으로 나아가기도 한다. "경계를 스쳐 지나갔던 살내음"을 간절한 그리움과 냉담한 돌아섬으로 받아들이면서, 시의 화자는 그 "돌아서는 자의 가슴"이 잔잔하게 번져오는 경계에서 자신의 불혹을 성찰하고 있는 것이다. 다음 시편도 그러한 경계(사이)에서 발원하는 세계를 구성하고 있다.

여름과 가을 사이에서
귀뚜라미 운다
멀어져가는 두 계절을
잇기라도 하듯
아교보다 더 강력한 힘으로
깊어지는 골을 메운다
살아가는 일들이
희미한 바람에도 떨어져 내리는
잎새처럼 가벼워
점점 할말을 잃어가는 가을밤
마른 호박잎 뒤에서 들려오는
풀벌레 소리를 들으면
여기와 저기도 멀고
여기와 여기도 아득하여
붉은 대추처럼
절망하는 것들의
짙어가는 울음소리
여름날 폭풍우에 휩쓸려간
생의 부표를 어루만지듯
이슬은 발 밑에 내려 쌓이고
멀어져가는 들과 하늘
나와 나 사이에서 또
벌레들이 운다

—「사이」 전문

귀뚜라미 울음이 "여름과 가을 사이"에서 들려온다. 그 울음소리는 마치 "멀어져가는 두 계절을/잇기라도 하듯" 울려 퍼진다. 그리고 "아교보다 더 강력한 힘"을 가지고 두 대상 사이를 잇고 메운다. 이는 "여기와 저기도 멀고/여기와 여기도 아득하여" 생겨난 거리를 서로 메우려는 인력(引力)과 서로 밀어내는 척력(斥力)의 아슬한 긴장 사이에서 형성되는 에너지이다. 이처럼 "멀어져가는 들과 하늘"의 사이에서 그리고 "나와 나 사이에서" 벌레들의 화창(和唱)을 듣고 있는 화자는, 자신의 삶도 그렇게 '사이'에서 피어나고 완성될 것임을 예감한다.

이러한 경계에 서 있는 자의 자의식은, "기차소리를 따라가도/역사의 불빛은 보이지 않고/잘못 접어든 첩첩산중"(「잘못 든 길」) 같은 자리를 시인에게 부여하면서, 그를 끊임없이 사이에서 서성이고 대상을 관조하게끔 한다. 그래서 그의 시는 내닫지 않고 머뭇거리며, 동적(動的)이지 않고 정적(靜的)이며, 높은 목소리로 호소하지 않고 낮은 목소리로 다가온다. 그것이 송종찬 시학이 펼치는 '사이'의 그늘이요 빛이다.

3.

　우리가 잘 알듯이, 어떤 사물의 속성이나 징후는 한동안 그 사물을 규율하고 규정하다가 세월의 풍화를 겪으면서 차츰 소멸되어간다. 하지만 한편으로 우리는 이 소멸의 양상들이 또 다른 생성을 준비하는 불가피한 단계라는 것을 잘 알고 있다. 아니 모든 소멸의 안쪽에 생성의 기운이 충실히 잉태되고 있는 것이라고 하는 편이 옳을 것이다. 가령 사람과 사람 사이의 만남과 헤어짐, 정서의 충만과 결핍 등은 사실 한 몸으로 결속되어 있는 두 가지 징후일 뿐이다. 이 모든 것이 우리가 완전하게 고립된 단독자(單獨者)가 아니라, 소멸의 과정을 통해 서로의 몸에 각인되는 상호 결속의 존재임을 알려준다.
　송종찬 시학에는 이러한 소멸의 기운들이 완강하게 들어차 있다. 그의 시는 봄의 활력보다는 겨울의 쓸쓸함을 계절적 배경으로 할 때가 훨씬 많다. 새벽이나 아침의 솟구침보다는 밤의 이울어가는 시간을 응시하는 모습을 자주 보인다. 그것도 뒷모습을 보일 때가 많다. 하지만 그러한 소멸 지향적 속성에도 불구하고, 그는 얼어붙은 겨울강을 바라보면서 "돌을 던져도/소리치지 않는 저/단단한 내공"을 상상하고 "맺힘과 풀림을 반복"하는 과정을 믿는 시인이다. 그리고 거기서 어김없이 돋아날 저 "뿌리들의 먼 추임새 소리"(「겨울강」)를 듣고 있다. 소멸과 생성의 동시성을 응시하고 있는 것이다.

> 아무리 천한 목숨이라도
> 그 임종은
> 서해를 물들이는 저녁놀처럼 장엄하리
> 먼 바다를 건너와
> 낡은 목선의 고물 끝에
> 부서져버리는 진눈깨비를 보라
> 하늘의 몸을 받았다가
> 지상에 닿는 순간
> 스스로 이름을 지워버린
> 짧은 여백이 있어
> 평생 음지에서 살다간 사람들의
> 눈동자도 쓸쓸하지 않고
> 이마에 주름살 느는 것도
> 그리 억울할 일만은 아니니
> 발자국 하나 남기지 않고
> 가장 낮은 곳을 향해
> 흘러가는 간결한 보법을 보라

높은 산맥을 맨발로 넘어와
소나무의 바늘잎 위에서
얼어붙은 성엣장 위에서
제 살점을 덜어내는
장엄한 착지

─「진눈깨비」전문

'진눈깨비' 역시 비와 눈의 속성을 동시에 지닌 '사이'의 존재이다. 따뜻한 공기층이 지면과 접한 빙점 이하의 찬 공기층 위에 놓일 때 형성되는 진눈깨비는 비와 눈이 한 몸을 이룬 존재이다. 화자는 "아무리 천한 목숨이라도/그 임종은/서해를 물들이는 저녁놀처럼 장엄"하다고 하면서, 하찮아 보이는 진눈깨비의 소멸 과정을 묘사하고 있다. 그 진눈깨비는 "하늘의 몸을 받았다가/지상에 닿는 순간", 마치 "평생 음지에서 살다간 사람들의/눈동자"처럼 발자국 하나 남기지 않고 가장 낮은 곳을 향해 "간결한 보법"을 선보인다.

이처럼 먼 바다와 높은 산맥을 건너와 낡은 목선과 소나무의 바늘잎 위에서 부서져 흩어지는 '진눈깨비'의 소멸 과정을 "장엄한 착지"로 바라보는 화자의 시선은, 그 장엄한 소멸이 "스스로 이름을 지워버린/짧은 여백"으로 인해 가장 간결하고 심미적인 문양을 남긴다고 보고 있다. 이러한 진눈깨비의 보법(步法)과 착지 그리고 소멸의 과정을 눈여겨본 시인은 「淨水寺」라는 시편에서는, 생의 무거운 짐을 지고 가다 소멸해가는 모든 존재자의 눈길의 고요를 읽고 있기도 하다.

> 기차를 타고 가면서 보았네
> 잎 떨어진 자작나무 가지 사이로
> 하늘이 유리창처럼 박혀 있었네
> 한 그루 자작나무는 투명한 거울
> 거울은 늘어나는 주름살 대신
> 무거운 등짐을 지고 가는
> 발자국을 점점이 보여주었네
> 안개 흐드러지던 최루의 날
> 탈영을 꿈꾸던 설화 분분한 밤들
> 거울 속에서 반짝거렸네
> 겨울이 오기 전에 거울이 된 자작나무
> 줄기를 타고 숲으로 들어가면
> 잎처럼 무성했던 날들이
> 눈발처럼 떨어져 내리고
> 어느 이름 없는 종착역을
> 느리게 빠져나가는 뒷모습이
> 거울 속에서 반짝거렸네
> ─「자작나무 거울」 전문

기차를 타고 가면서 차창 밖으로 "잎 떨어진 자작나무 가지 사이로/하늘이 유리창처럼 박혀" 있는 게 보인다. "하늘이 유리창처럼 박혀 있다"는 표현은, 나중에 '거울' 이미지로 이어진다. 하늘과 함께 있는 "한 그루 자작나무"는 어느새 "투명한 거울"이 되고 있는데, 그 '거울'은 피사체를 완벽하게 보여주기보다는 "무거운 등짐을 지고 가는/발자국"을 흐릿하게 점점이 보여줄 뿐이다. "설화 분분한 밤들"이 거울 속에서 반짝거리고, "겨울이 오기 전에 거울이 된 자작나무"는 "잎처럼 무성했던 날들"을 눈발처럼 흩날리면서 "어느 이름 없는 종착역을/느리게 빠져나가는 뒷모습"을 보여준다. 순간, 사라져가는 뒷모습이 거울 속에 아득히 번져온다.

 이처럼 송종찬 시편들은 "저지대의 안부를 물으며/낮은 목소리로"(「입동 부근」) 우리에게 다가온다. 자기 자신을 "비워/세상을 공명하게 할"(「새벽에 새소리를 듣다」) 것인지를 고민하고, "눈물로 뼈를 세워가는 밤"(「고드름」)을 맞기도 한다. "먹구름 지나간 뒤/하늘에 찍혀 있는 거대한 별들은/신들의 발자국"(「발자국」)에서처럼 밤과 새벽 사이의 늦은 귀가도, 폭음도, 서성임도 자주 보여준다. 한 집안의 가장이 되는 것을 "밀물처럼 자라나는 아이들과/썰물이 되어가는 아버지 사이에서/부서지는 파도가 되기도 하는 것"(「지붕 위의 십자가」)이라고 노래하고, "새벽 귀가하는 발자국에도/위태롭게 흔들거렸을/아내를 받치고 있던 굄돌 하나"(「석탑」)를 연민하기도 한다. 그렇게 그는 낮은 목소리로 생의 저지대를 응시하고 있는 것이다.


4.

송종찬 시편들은 한결같이, 이 세계는 비속하고, 자기 자신은 남루하고, 세상을 비껴난 어딘가에 아득한 근원의 세계가 존재한다고 믿는 데서 솟아난다. 그가 안타까워하는 현실 질서는 의외로 견고하고, 그가 눈을 들어 바라보는 대안적 표지(標識)들은 절실하고 감동적이지만 비극적인 경우가 많다.

가령 그가 벌들의 분주한 움직임을 "뙤약볕 아래서/온몸에 꽃가루를 묻히며/겨울을 준비하는 노동"(「장미공장」)으로 파악할 때, 외관상으로는 노동의 활력을 증언하는 듯이 보이지만, 사실 그것은 "이제 남아 있는 가슴속 불꽃으로/무엇을 태워야 하는가"(「고한읍」)라는 비극적 생의 형식에 대한 승인을 내포하고 있는 것이다.

그 비극적 인식의 과정이, 그의 시편 속에서 눈물로 '젖은 손'들을 찾아내게 하고, 잔잔한 '비밀'들을 발화하게끔 한다.

> 돌아가신 수동할머니는
> 방학이 끝날 때마다
> 차부까지 따라 나와 손을 흔들어주셨다
> 도시로 떠나는 마지막 날 밤이면
> 한사코 머리를 쓰다듬으시다
> 새벽이 오기 무섭게 굵은 먹갈치
> 한 토막을 솔가리 불에 구워주셨다
> 버스가 고개를 넘어갈 때까지 흔들리던
> 할머니의 갈라 터진 손
> 난 아직 떠도는 데만 익숙할 뿐
> 떠나는 사람을 향해
> 손을 흔들어주지 못했는데
> 서해의 외딴 섬 식도에서
> 흔들리는 손을 다시 보았다
> 남편을 보내는 낙도의 간호사도
> 파도소리에 잠을 뒤척였을 것이다
> 석양이 내리는 방파제를 따라
> 고개 숙인 여인이 젖먹이를 안고 돌아서고

막배가 어둠 속에 잠길 때까지
파장금항의 갈대들도
하얀 손을 흔들고 있었다

―「젖은 손」 전문

  이 시편은 헤어지는 순간 흔들던 '손'을 매개로 하여 두 개의 삽화를 연결하고 있다. 하나는 이제는 고인이 된 '수동할머니'께서 화자를 향해 흔들어주시던 손이다. 할머니는 방학이 끝나 화자가 도시로 돌아올 때마다 손을 흔들어주셨다. 그분은 밤새도록 머리를 쓰다듬으시다 새벽이 오면 떠나는 이에게 "갈라 터진 손"을 흔들어주셨던 것이다. 다른 하나의 흔들리는 손은 서해 외딴섬에서 발견된다. 고개 숙인 여인이 남편을 보낸 후 젖먹이를 안고 돌아서 막배가 어둠 속에 잠길 때까지 손을 흔들던 갈대들이 그 '손'의 주인공이다. 갈대들의 흔들리는 '하얀 손'은, 물론 남편을 보낸 여인의 흔들리는 손의 상관물일 것이다.

  그런데 시인의 기억 속에 할머니와 여인의 손이 '젖은 손'으로 결속한다. 그것이 '젖은 손'인 까닭은 눈물로 젖어 있기 때문이기도 하지만, 화자로 하여금 "난 아직 떠도는 데만 익숙할 뿐/떠나는 사람을 향해/손을 흔들어주지" 못했다는 자각을 던져주는 손이기 때문이기도 하다. 그렇게 그 '손'은 시인의 기억을 적시면서 "누군가의 눈동자를/오래 바라보며/꽃으로 피고 싶은 날"(「不二門」)을 떠올리게 한다.

> 창문 밖으로 눈발이 휘날리는 밤이면 말없이 쌓였다 흔적없이 사라지는 그 많은 부호들처럼 가슴에 꼭꼭 숨겨둔 비밀을 잘게 부수어 아무도 알아보지 못하게 땅에 내려 놓고 싶어진다
>
> 가령 사상이 불확실하다는 이유로 서울에서 강원도까지 쫓겨가 영하 이십 도의 혹한 속에서 등짐을 져 나르다 이것은 아니나녀 인시계 앞에서 무릎을 꿇던 일이라든가
>
> 봉급 받아 아이들 학원비 걱정하며 그 달 그 달 살아가면서도 병든 부모를 모시는 술집 처자를 위해 아내 몰래 순정을 베풀던 일이라든가
>
> 이렇듯 추운 날이면 남몰래 꼭꼭 숨겨둔 말들이 불씨처럼 피어나기도 하고 살다 보면 누구나 비밀 한두 개쯤 가슴에 묻고 살아 우리 몸을 태우고 나면 그 비밀 눈처럼 저리 내리는 것일까
>
> ―「눈 내리는 밤」 전문

시인은 눈 내리는 밤에 자신의 숨겨진 '비밀'을 상상적으로 풀어놓는다. 창문 밖으로 눈발이 휘날리는 밤, "말없이 쌓였다 흔적없이 사라지는 그 많은 부호들처럼" 남아 있는 비밀을 풀어놓고 있다. 그것들은, 사상이 불확실하다는 이유로 쫓겨 다니던 일, 소시민의 삶을 살아가면서도 병든 부모를 모시는 술집 처자를 위해 순정을 베푼 일이다. 그야말로 아프고도 따듯한 일탈(逸脫)의 비밀들이다. 스케일에서나 파격에서나 그저 추운 날 불씨처럼 피어나기도 할 잔잔한 이야기들일 뿐이다. 송종찬의 시적 표정이 그 순간 그렇게 잔잔한 이야기들로 채워진다. 그 '비밀'을 태우고 눈은 내리고, '비밀' 한두 개쯤 묻고 살아온 우리도 "우리 몸을 태우고" 내리는 눈발들을 잔잔하게 바라보게 된다.

이처럼 시인은 "사람들이 길 위에서/흔들리며 위태롭게 중심을 잡는/길들의 세상"(「길의 세상」)에서, 그리고 "중심을 벗어나/더 이상 길을 갈 수 없는/막다른 벼랑"(「작은 가지에게」)에서, "마음을/한 장 덜면 쓰러지고/한 장 더하면 무너져 내릴 것/같은"(「마음의 서쪽」) 그리움과 잔잔한 비밀의 세계를 노래하고 있다.

5.

우리가 경험하고 있듯이, 현대시는 더 이상 '동일성(同一性)'의 방법과 세계관을 고수하지 않는다. 오히려 동일성 담론을 적극 거부하면서 세계와의 치명적 불화를 발화하는 데 주력하고 있기도 하다. 하지만 아직도 서정시는, 잃어버린 시간에 대한 추구를 통해 배타적인 자기 규정성을 지닌다. 그 안에서 우리는 잃어버린 시간의 상상적 현재화를 경험하며, 언어적 대리 구축의 원리로서 시적 표현을 경험하게 되기 때문이다. 지금까지 우리가 살핀 송종찬 시편들은, 이러한 원리에 의해 개성적으로 짜여 있는 서정시편들이라 할 것이다.

첫 시집으로부터 지속적으로 보여주었듯이, 송종찬 시편은 문제의 중심에서 핵심을 파고 들어가는 모습이 아니라 중심으로부터 스스로를 이격(離隔)하는 망명자(亡命者)의 외관을 취해왔다. 또한 그의 언어는 국외자(局外者)들을 향해 열려 있었으며, 주변화된 타자들을 향한 기억과 연민을 시의 중심 기율로 삼아왔다. 그렇게 그는 스스로를 외곽의 영토로 망명시키면서, 우리 사회의 담론 권력을 서서히 이완시키는 데 혼신의 노력을 쏟아온 것이다. 이번 시집은, 그러한 그의 시적 속성을 충실하게 이으면서, 동시에 더욱 심원한 '낮은 목소리'를 깊이 갈무리한 결과라 할 수 있을 것이다.

물론 송종찬 시편 전체의 조감(鳥瞰)을 위해서 우리는 좀 더 많은 시편을 거론했어야 했다. 그만큼 그의 시편들은 내용상, 형식상의 균질성을 확보하고 있다. 이제 이러한 고전적 형식과 내용의 결속을 통해 저지대의 안부를 묻고 있는 그의 낮은 목소리에, 우리가 고요하고도 쓸쓸한 공명을 보낼 차례이다.

### 손끝으로 달을 만지다

2007년 10월 9일 초판 1쇄 인쇄
2007년 10월 20일 초판 1쇄 발행

지은이 | 송종찬
펴낸이 | 孫貞順
펴낸곳 | 도서출판 작가
      서울 서대문구 북아현3동 1-1278 (우120-866)
      전화 | 365-8111~2  팩스 | 365-8110
      이메일 | morebook@morebook.co.kr
      홈페이지 | www.morebook.co.kr
      등록번호 | 제13-630호(2000. 2. 9.)

편집 | 이현호 곽대영
디자인 | 박은정
영업 | 손원대 설동근
관리 | 이용승

ISBN 978-89-89251-68-2 (03810)

* 잘못된 책은 구입하신 서점에서 바꾸어 드립니다.
* 지은이와의 협의 하에 인지를 붙이지 않습니다.

값 7,000원